# COLECCIÓN "AGUA VIVA"

## Serie B

# FRANCISCO CERRO CHAVES

Arzobispo de Toledo, Primado de España

# Santa María Josefa del Corazón de Jesús

# INTRÉPIDO CORAZÓN DE MUJER

— 3.ª edición —

FONTE

GRUPO EDITORIAL

1.ª Edición: Septiembre *2003*
2.ª Edición: *Octubre 2003*
3.ª Edición: *Marzo 2025*

© 2025 Francisco Cerro Chaves
© 2025 Grupo Editorial Fonte
P. del Empecinado, 1; Apdo. 19 - 09080 - Burgos
Tfno.: 947 25 60 61

www.montecarmelo.com
www.grupoeditorialfonte.com
editorial@grupoeditorialfonte.com

ISBN: 978-84-10023-82-6
Depósito Legal: BU 27-2025

Impresión y Encuadernación:
«Grupo Editorial Fonte» - Burgos
Impreso en España. Printed in Spain

# DEDICATORIA

*A la Madre General de las Siervas de Jesús,*
*a todas y cada una de las Siervas de Jesús*
*de la Caridad, en su labor de ser Corazón de Jesús,*
*a la cabecera de los enfermos.*
*Mi agradecimiento porque sus vidas son*
*la herencia de una Santa que creyó que*
*«para Dios nada hay imposible».*

*A todas las personas que unidas*
*a las Siervas de Jesús de la Caridad*
*trabajan con los enfermos y viven lo que*
*el Papa Francisco en su encíclica **Dilexit nos**,*
*parece dirigir a las Siervas… **nos amó**.*

*A los 25 años de la Canonización*
*de Santa M.ª Josefa del Corazón de Jesús*
*1-10-2000 – 1-10-2025*

# RÓLOGO

Nuestro mundo está necesitado de personas que quieran proclamar con María el amor de Cristo entre los hombres. Por eso hoy de la mano de María, intentamos descubrir y hacer presente el Corazón de Jesús entre los que sufren, en el mundo del dolor y en toda la humanidad; necesitada con fuerza de la misericordia y compasión de Cristo y de la nuestra, para que todo hombre se sienta amado y consolado en su necesidad y pobreza. Debe descubrir testigos de fe, esperanza y amor entregado; que en el sacrificio sabe amar sin medida para dar vida.

En este libro, encontraremos el gran testigo, y ejemplo de caridad heroica de Santa Mª Josefa del Corazón de Jesús, Fundadora de las Siervas de Jesús de la Caridad. Santa Mª Josefa dice, que el Fundador es el Corazón de Jesús, y que la gran misión de la Sierva de Jesús es ser el Corazón de Jesús al lado de los enfermos y necesitados, de los pobres en todas las pobrezas. Nos iluminan sus palabras en una de sus Máximas: "En el lecho del dolor, todos somos pobres y necesitados". Pobre es todo hombre, que carece de amor y de vida.

Presentando a Santa Mª Josefa del C. de J. como enfermera de Cristo, su gran enseñanza, para sus seguidores, es que la asistencia del corazón y de toda la persona, es mas importante que dar un alimento o una medicación, ya que la asistencia debe ser integral llegando a todas las carencias del hombre.

La Comunidad del Sanatorio del Sagrado Corazón de Valladolid, sintiendo esta llamada, vive día a día, urgida por la Caridad de Cristo y trata de proclamar las grandezas de Dios y de Nuestra Santa Madre Fundadora, ejerciendo la misión recibida: Ser las manos, los pies, y el Corazón de Cristo, entre todas las personas que nos rodean, teniendo los mismos sentimientos del Corazón de Cristo.

Esto lo recibimos día a día en la Eucaristía, en la oración y en la escucha de la Palabra de Dios. Además tenemos la suerte de ser bendecidas por los brazos del Corazón de Jesús del Santuario de la Gran Promesa, bajo cuya sombra nos cobijamos. Todo es gracia, y con ella, queremos en unión con Mª descubrir en la Palabra de Dios, hoy, todas las llamadas a caminar con nuevo ardor, nuevo fervor, y nuevos métodos, todas las necesidades y carencias del mundo actual. Para ser testigos de esperanza y misericordia, de alegría y respuesta a cada nueva necesidad que surja. Por eso buscamos en la espiritualidad de Santa Mª Josefa y queriendo dar respuestas como ella, después de estudiarla la haremos vida. Para poder estudiar un tema espiritual profundo, hay que recurrir a buenos y santos maestros que nos enseñen cómo relacionar hoy los personajes bíblicos como Mª, con los santos. La Santa que queremos presentar es Santa Mª Josefa. Nosotras hemos recurrido al destacado apóstol del Corazón de Jesús en Valladolid, que tanto se relaciona con la devoción que nuestro Instituto manifiesta al Corazón vivo de Jesús, el sacerdote, D. Francisco Cerro Chaves, Director del Centro del Corazón de Jesús de Valladolid, gran admirador de Santa Mª Josefa y Nuestro Instituto. El nos presenta a Santa Mª como testigo de misericordia y compasión en clave bíblica.

HNA. ANGELINA GÓMEZ
S. de J.

# RÓLOGO de ENTRADA

*«Toda mi vida ha sido para Dios»*
Sta. María Josefa del Corazón de Jesús

Con gran afecto escribo el prólogo a este libro que don Francisco Cerro Chaves, Arzobispo de Toledo y Primado de España, ha deseado publicar renovado, tras ahondar en la vida y espiritualidad de una gran mística, un tanto desconocida, una persona de ayer y de hoy que supo entrar en el conocimiento del Amor de Dios a través del Corazón de Jesús, a quien puso e hizo el centro de su vida y misión.

Don Francisco Cerro ha sabido descubrir en Santa María Josefa a una mujer que se dejó hacer, que se dejó invadir por el Amor inmenso de Jesús; una mujer apasionada de Dios, de su amante Corazón, que pudo decir que tuvo con Él un mismo latir, y de ahí sacó una fuerza que nadie le pudo arrebatar para ser don de Dios para la humanidad sufriente.

Santa María Josefa desde muy temprana edad fue dándose cuenta que Dios la llamaba para sí. Ella se sentía pequeña, sencilla, pero su corazón era cada día atraído por una fuerza irresistible que le empujaba a buscar un amor más grande, un amor que no podía encontrar en nadie. Santa María Josefa fue una mujer carismática, resuelta, resplandeciente, alegre y con gran tesón; supo cumplir su misión y llenar su espacio, dio frutos abundantes, llegó a ser amiga de Dios y profeta.

Nació en Vitoria, en el seno de una familia sencilla, el día 7 de septiembre de 1842, y desde sus primeros pasos sintió el amor humano de la familia unida, piadosa, que confiaba en Dios e invocaba a María con el nombre de Virgen Blanca. Su vida transcurre con normalidad hasta los tres años, cuando sufrió una caída que paralizó sus piernas. Aunque los médicos no les daban esperanzas de curación, sus padres, de fe profunda, recurrieron al Dios de lo imposible, poniendo en Él total confianza. Se encaminaron al Santuario de San Miguel de Aralar, para pedir la intercesión del Arcángel y, pasando a la niña por las cadenas, como se acostumbra, se obró el milagro y quedó totalmente restablecida. Ya se empezaba a vislumbrar que Dios tenía un plan para ella, una misión grande que cumplir y, cómo a Moisés lo salvó de las aguas, liberándolo de las manos de sus enemigos, a ella también la curó para que, llegado el tiempo, fuese guía y fundadora.

Saboreó desde temprana edad el sufrimiento y el dolor. Cuando apenas tenía 7 años, muere su padre de repente con solo 32 años y María Josefa será el consuelo de su madre, esa mujer valiente, entregada, luchadora, que supo sufrir en silencio, sin perder la fe.

La fe es un don de Dios, pero ésta se aprende en el regazo de las madres y al calor del hogar. Ella vio en su madre a una mujer de profunda fe y convicciones, que inspiró sus palabras: *«Tengan vida de fe; sin ella no pueden conocer a Dios, y un alma que no conoce a Dios, no puede practicar las virtudes. La fe es el fundamento de la vida interior»*. Aprenderá también que amor y sacrificio son inseparables, y dirá: *«Sufran todo sin hacer sufrir a nadie»*.

Santa María Josefa fue una mujer intrépida, con gran visión de futuro. ¡Qué bien supo entender el valor de la fe y la confianza en Dios! Por eso vivió toda su vida puesta en sus manos. Nos dirá: *«Toda mi vida ha sido para Dios y no la deseo para nada más»*. Fue una mujer de gratuidad, que agradece a Dios el don de la vida, el don de unos padres fervientes que la arroparon con mucho amor y el don gratuito de la curación instantánea y milagrosa. Se abrió a recibir todo de Dios, y repetía esta máxima a sus Hijas: *«Sean agradecidas, la gratitud trae grandes beneficios»*. Sabía muy bien que la gratitud no es fácil, porque se requiere un alma pobre y humilde que sepa reconocer cómo *«Dios nos da con mano generosa cuantas gracias espirituales y materiales necesitamos»*.

Santa María Josefa se dejó moldear por el Espíritu Santo, colaboró con la gracia, y proclamó las maravillas que Dios hacía en ella, con las palabras del Salmo: *«Tú gracia, Señor, vale más que la vida»*. Vivió el ahora de Dios desde la apertura y la acogida y, puesta en sus manos, confía en su amor providente y misericordioso. Esta humildad provoca la respuesta de Dios que se manifiesta en un aumento de gracia, paz en el alma y alegría en el corazón.

El abrirse a la gracia la llevó a ser don y donación para los demás ¡Qué bien sabía que lo que se recibe gratis se da gratis! Y así, desde esa gratuidad y confianza, se pone en camino.

Santa María Josefa confía en la providencia, se ha abandonado tanto en el Corazón de Jesús, que sabe que Él nunca la dejará: *«Dios nunca nos abandonó, siempre noté la protección divina, pero al principio quiso llevarnos por tanto desamparo, que de las criaturas no tuvimos ningún consuelo ¡Cuántos días pasamos con un huevo asado al rescoldo, por no gastar aceite ni fuego! Es verdad que todas las privaciones nos las ha recompensado el Señor de un modo admirable, que siempre lo considero como la multiplicación de los panes y los peces en el desierto. ¡Cuánto vela Jesús por sus Siervas!».* Y en otra máxima nos dirá: *«Bendigo a la Providencia Divina porque las privaciones de mis primeros años de fundación les han proporcionado a todas las Siervas de Jesús tan especiales favores. Tengan muy presente que sobre la humildad, pobreza y sacrificios se han forjado siempre las obras de Dios».*

Los comienzos siempre son difíciles. Santa María Josefa, buscadora incansable de la voluntad de Dios, sintió desde su tierna infancia la vocación y el deseo de una vida de intimidad con el Corazón ardiente y amoroso de Jesús, en donde encontraba todas las delicias. Tiene tantas ansias de ser toda de Dios que cree que es la vida contemplativa dónde va a poder realizar ese anhelo que lleva dentro, pero cada vez que intenta entrar en clausura, cae enferma o incluso tiene sueños, y así va descubriendo cómo Dios se manifiesta y revela a través de los acontecimientos.

En un momento dado, cuando ya estaba en la vida religiosa, siente que Dios le pide más. Viviendo intensamente el momento presente, el aquí y ahora de Dios, se atreve a ir más allá, a descubrir lo que hay en su corazón y se lanza a hacer lo que siente, cumpliendo el deseo que Dios había sembrado en su alma. Tiene una gran certeza en el Dios providente y confía, se abandona a su divino querer, sabiendo que no le faltará nada aun en medio de sacrificios y privaciones. Es tan grande la seguridad que tiene en ese Corazón que tanto ama a los hombres que rompe filas y sigue adelante; sin saber ni dónde ni cómo, se lanza a la sorpresa de Dios, a lo inesperado, pero sabiendo bien dónde está la meta: Quiere vivir dentro del Corazón de Cristo al servicio de los enfermos desde una profunda oración y vida de comunidad. Dio un gran paso, tuvo que descalzarse, que quedarse pobre, a la intemperie, sabiendo que Él nunca la abandonaría, pero también con la certeza que el camino que pisaba era su tierra sagrada.

El día ocho de julio del año 1871 salió del convento donde estaba, en las Siervas de María, junto con otras dos religiosas, y se instalan en casa de una tía que tenía en Madrid; como Abraham, se convierte en peregrina de la fe. Ellas pensaban ir a Barcelona, pero una cosa es lo que uno piensa y otra lo que Dios dispone. Así, el Espíritu Santo actuó y el sacerdote que presidió la Eucaristía les dijo que mejor se encaminaran a Bilbao, que allí las necesitaban más. Habían salido en tren de la estación del Norte y, al llegar a Burgos, las tinieblas cayeron sobre el espíritu de María Josefa de tal manera que quiso apearse y poner fin a esta aventura. Era el momento de la prueba, que pone el sello de autenticidad a la obra de Dios, y Santa María Josefa se ve sumida en la lucha, la tentación y el deseo de volver atrás. El camino de la cruz es el signo más claro de que estamos en la verdad. Jesús en Getsemaní dijo: «Padre, aparta de mí este cáliz, pero no se haga lo que yo quiero sino tu voluntad»; y cuando dijo: «Padre, lo que quieras», el tentador se fue; también ella tuvo que decir, «¡Hágase, Señor, ¡tu voluntad!» y, con el ánimo de las hermanas, compañeras de camino, siguió adelante.

Ya en Bilbao, en la modesta buhardilla de la calle de la Esperanza, las primeras Siervas de Jesús viven con radicalidad su consagración. Tanta era su confianza en la providencia, que hasta cuando no tenían dinero para pagar al casero, llamaban a la puerta con un sobre anónimo con el dinero exacto. ¡Qué grande es Dios! ¡Cómo no descubrirlo en estos acontecimientos cotidianos! Estos años fueron muy escasos en bienes materiales, pero llenos de frutos del Espíritu Santo: abundancia de paz, alegría desbordante, amor generoso, acogida, servicialidad, entrega total, comprensión y delicadeza, vividos desde una grandísima unión fraterna. Los sufrimientos del inicio eran patentes, pero sumergida en la fe como Abraham que creyó que sería padre de muchos pueblos, ella también se fio y recibió en recompensa muchas jóvenes que llamaban a la puerta del convento dispuestas a seguir esa nueva vida.

Fue solicitada por el Sr Obispo de Vitoria, Don Diego Alguacil, para tratar sobre la fundación y sin dudarlo, atravesando en medio de una guerra Carlista, cruzando los montes y el campo de batalla, vestidas de aldeanas, se ponen en marcha hacia Vitoria, caminando, sin que nada las detenga. Por un lado, se les abrían caminos, por otro se les cerraban, las dificultades siempre estaban presentes, pero María Josefa no desfallecerá al frente de las Siervas.

El sufrimiento y el dolor pueden hacer que nos hundamos o también ser el trampolín que nos lance a vivir con más ímpetu, con más fuerza y salir victoriosos. Hoy día todos huimos del dolor y la falsedad se adueña de nuestras vidas; todo a nuestro alrededor nos ofrece cosas para estar y sentirnos bien, un sinfín de productos que nos sumergen más y más en un vacío existencial. Santa María Josefa desde su profunda fe se arriesga, asume el sufrimiento, se lanza a lo inesperado, no teme, pero tampoco cesa en la lucha: *«Sean almas valientes, que no se acobardan ante la dificultad»*. Porque felicidad no es tener más y más, sino en ser más y más de Dios y ella practicó el arte se amar, cada día, en cada momento y circunstancia, por eso ha dejado huellas de eternidad.

El mundo promete mucho, pero dura un instante, y cuanto más se tiene más se ambiciona. Santa María Josefa quiso imitar el amor del Corazón de Jesús que va más allá, sin límites.

Era tan grande el deseo de amar a los necesitados, a los enfermos, a los ancianos, a los niños, a los pobres, que no quería que nadie quedase desamparado, sin ayuda o protección. Una mujer grande de verdad, con un corazón sin fronteras, que nos decía *«Mi deseo constante ha sido siempre ir por todo el mundo para enseñar a las gentes el conocimiento y amor de Dios, cueste lo que costare»*. Estaba enamorada del Corazón de Jesús y deseosa de extender su Reino, a través de sus palabras, gestos, ternura, cuidado y compasión. Vivió entregada al Amor que nuca se acaba, que va más allá de la muerte.

Santa María Josefa vivió y transmitió a sus Hijas lo que es dar la vida por amor a Dios y a los más necesitados, sin distinción, diciendo: *«En el lecho del dolor todos son necesitados»*. Ella nos enseñó a cuidar a los enfermos como si del mismo Jesús se tratase y, adelantándose a los tiempos, promovió una atención a la persona en su totalidad, sin limitar el cuidado a las necesidades materiales, sino llegando al corazón.

En tiempos del cólera, cuando ni siquiera los familiares querían estar con los suyos por miedo al contagio, aquéllas primeras Siervas de Jesús permanecieron allí y algunas, hasta el final, entregando su vida como mártires de la caridad; valor que hemos visto cómo se ha ido repitiendo a lo largo de nuestros más de 150 años de historia, hasta la última pandemia. ¡Qué grande es la misión de la Sierva de Jesús! Poner el Corazón de Jesús al lado de los que sufren, mostrar ese amor compasivo, misericordioso, complaciente, paciente, amable y tierno, auténtica salud de los enfermos. Ese Corazón del que brota el Agua y la Sangre, ese Corazón que queda abierto para recibir y acoger a todos, ese Corazón llagado, donde se sanan todas las heridas, físicas, psíquicas y espirituales, es el que lleva la Sierva de Jesús a la cabecera del enfermo y al lado de los que sufren. Es Jesús que se hace presente a través de nuestra entrega.

Otro rasgo de su espiritualidad es el amor a la Eucaristía, porque ese amor desbordante del Corazón de Jesús está vivo en la Eucaristía, y para ella lo era todo, diciendo *«que el momento de la comunión era el momento más feliz del día»*. Quería que nos pusiéramos en las manos de Jesús para ser moldeadas por Él, que le escuchásemos y nos dejásemos enseñar. Desde la Eucaristía aprendió a partirse y repartirse a los enfermos y necesitados de asistencia y caridad, y también experimentó la paternidad de Dios Padre; desde ahí se dio cuenta que tenía que salir e ir más allá a llevar este conocimiento y amor de Dios hasta los confines de la tierra, *«cueste lo que costara»*.

Es así como a través de la Humanidad de Jesús, de su Corazón abierto, Santa María Josefa se adentrará en el misterio Trinitario, humilde y silenciosamente, viviendo una profunda vida interior que resume en esta máxima: *«El alma más feliz en este mundo es la que nada desea fuera de Dios»*. Vivía el don de la presencia de Dios, y tenía conciencia de la necesidad de una comunicación continua con quien la habitaba, con el amor de su vida, adentrándose en un océano inmenso: *«Formemos en el Corazón de Jesús nuestro centro para comunicarnos con Él, podemos hacerlo con la frecuencia que deseemos, sin temor de molestar a nadie, solo con Jesús será nuestra intimidad».*

Santa María Josefa vivió en Dios, por Él y para Él y, en la intimidad de su profunda oración, Dios la hizo partícipe de su vida divina y la embelleció con sus dones, sobre los que reinó la caridad, así como la fe y la esperanza, el don de discernimiento de espíritus, su visión de futuro e incluso, como relatan las crónicas, ese don tan especial de bilocación. Una gran mujer que hoy sigue haciéndose presente a través de sus Hijas junto a los enfermos que más la necesitan.

Santa María Josefa entendió muy bien el Evangelio, Buena Noticia de Dios, y supo que, al participar de la vida de Jesús en plenitud, se abrían dimensiones de acogida, de comunicación, de sanación y de vida nueva. En estas páginas podremos descubrir la profundidad de su vida interior, que transciende más allá de lo palpable, de lo que los ojos ven o los oídos oyen, y todo ello porque Santa María Josefa supo sumergirse en las profundidades de un amor apasionado y sin límites. Supo descubrir quien es el Todo y a quien pertenece. Descubrió el palpitar de la vida desde los hechos y acontecimientos cotidianos, con una nueva mirada que renueva todas las cosas en Cristo. Se sació de la fuente inagotable del Amor, y de esa agua que salta hasta la vida eterna, bebió y dio de beber a los más necesitados. Don Francisco va desvelando cómo la gracia y el don de Dios operaron en Santa María Josefa y como ella se entregó a vivir y trasmitir este don gratuito.

Santa María Josefa se vio envuelta en el deseo que tiene Dios de regalarnos su Amor, ese amor personal, auténtico, que no es para cuando se llega a las cumbres de la vida espiritual, sino un amor cercano, aquí y ahora, que sólo se puede vivir desde una total confianza. Ella encontró en el Corazón de Jesús todas las respuestas a sus inquietudes, deseos, necesidades y aspiraciones. Y desde esa fuente inagotable de vida, siente la necesidad de ir más allá y de llevar a las almas a encontrar el amor primero.

Santa María Josefa vio en el Corazón traspasado, en la Cruz, la puerta de entrada, para todos, pero en especial para los pobres, pecadores, enfermos, solos, necesitados de cariño y compresión. Por eso adquirió los rasgos que ella sintió eran más característicos para llevar a cabo la obra que Dios estaba encomendándola, como son el amor, la ternura, la compasión, la acogida, la misericordia, la bondad y el consuelo. Y ella misma eligió, siguiendo la inspiración de Dios, el nombre de Corazón.

Santa María Josefa tuvo vuelo de águila, abrió caminos y deseo llegar a horizontes lejanos, para llevar ese amor que ardía en su corazón a todo el mundo. Un amor probado en la fragua del sacrificio, con la presencia constante de la Cruz. A lo más alto del Calvario es dónde se siente atraída, y no se entretiene en el camino subida; la enfermedad y postración también acompañarán los últimos años de su vida, en una unión más profunda con el Crucificado, su Amado y Buen Jesús, como comienza la última oración que recitó con las hermanas que la acompañaban en el lecho de muerte, el 20 de marzo de 1912. San José, de quien fue tan devota, la acompañaba al cielo, en el día siguiente a su fiesta, que habían celebrado en la Casa Madre con tanta solemnidad.

La vida, obra y misión de Santa María Josefa no es solo la de alguien que pasó, sin más, es como la luz que brilla en las tinieblas; una vida llena de fuerza evangelizadora que sigue atrayendo al seguimiento de Cristo.

Todo esto nos muestra que una vida fecunda, una vida feliz, una vida auténtica, solo se encuentra en la amistad con Jesucristo.

Deseo con todo mi corazón que este libro sirva para llenar a los hombres de hoy de esperanza, y que las Siervas de Jesús seamos *«esperanza en un mundo herido»*, todos llamados a vivir y descubrir el amor de Dios que se desborda en el Corazón de Jesucristo.

MADRE MARTINA ESPINAL, SdJ
*Superiora General*
*Roma, 24 de enero de 2025*

## Santa María Josefa, mujer, amiga, y madre

Ella nunca falsificó el Amor.
Se entregó a todos, con predilección
por sus enfermos.
Enamorada de la Eucaristía, su Cristo Vivo.
Su corazón ardiente de amor, la hizo
Ser ternura para los que viven
sin ninguna esperanza.
Fue mujer intrépida en los caminos del Espíritu
Amiga de los que nadie quiere
Madre de los más débiles.
Dicen que nunca la vieron triste,
Dicen que sabía remontar el vuelo
y superar las dificultades.
Dicen que era humilde en su talante...
y servicial de todo corazón.
Fue rebelde para no conformarse
con la mediocridad.
Fue sencilla para estar cerca de los enfermos.
Nunca tiró la toalla.
Siempre emprendió caminos de evangelización.
Fue mujer por los cuatro costados,
Amiga de orar a pie descalzo como Moisés,

Emprendió como otro Abrahán los
Caminos de la fe...
Desde el amor que se hace entrega.
Un día, no hace muchos años,
Vivió entre nosotros sembrando esperanza,
Que ahora se hace realidad a través de las Siervas...
Mujeres entregadas, donde las haya,
Emprendedoras de gestos de ternura,
donde los haya.
Santa María Josefa, fue evangelizadora
desde el corazón.
El Corazón de Jesús lo fue todo,
Y el "sí" de María, su locura
Animó a vivir dentro de Él.
Muchas veces la sorprendió la madrugada
Orando desde una fe intrépida,
Que recorrió kilómetros de esperanza
y sembró los caminos de la tierra.
Quiso dejar este mundo
Un poco mejor que lo encontró.
¿Quieres conocer a esta mujer
Intrépida en el camino del Evangelio?
Una mujer que vivió la virginidad abierta a la vida.
Madre fecunda, no se echó atrás ante el sufrimiento.
Buscó siempre la verdad,
y amó al Corazón Vivo de Cristo
presente en la Eucaristía
y a María, con la que se identificó
como mujer intrépida.

## Sus raíces

Todo matrimonio sueña con tener hijos. Abrirse a la vida es colaborar con el plan del Dios-Amor (I Jn 4,8). Bernabé Sancho era ebanista y se enamoró de Petra de Guerra. Eran muy felices desde que se conocieron. Se casaron el 12 de julio de 1841.

Y el Señor los bendijo con tres hijos. María Josefa, nuestra santa fundadora de las Siervas de Jesús. Que nació el 7 de septiembre, vísperas de la Natividad de María (8 de septiembre), tuvo dos hermanas, María de la Purificación, que murió a los dos meses de nacer, y Macaria Ángela, la más pequeña. Sus raíces están en Álava, en Gasteiz, Vitoria. Toda la vida de esta mujer intrépida transcurrió a lo largo de la segunda mitad del siglo XIX y los tres primeros lustros del siglo XX.

No hubo nada extraordinario en su niñez. Fue una niña normal en todo. Los santos no nacen, se hacen. Colaboran con Dios desde su bautismo al proyecto de Amor.

María Josefa fue elegida desde la sencillez para ser una mujer intrépida desde el Corazón de Cristo.

## Soñaba con "el Dios de lo imposible", como María

Cuando tenía tres años sufrió una caída. El Señor siempre se complace en los pobres. Se quedó paralizada de las piernas. Los médicos le dieron pocas esperanzas. Sus padres, personas sencillas, pero de mucha fe, acudieron con la niña al Santuario de Aralar, e invocaron al Arcángel San Miguel y quedó completamente curada. Siempre recordará con cariño esta gracia del Arcángel San Miguel y su recuerdo hacia este santuario navarro.

María Josefa era una niña que a su corta edad soñaba con "el Dios de lo imposible", como la Virgen. Recorría desde su sencillez kilómetros de fe y esperanza. Se fiaba de "el Dios de lo imposible". Su vida era en todo normal. Aprendía de Dios de los labios y de las manos... y sobre todo del buen corazón de sus padres. Aprendió las primeras letras con gran aprovechamiento. En la escuela se la veía despierta, en el catecismo apasionada por la doctrina. Es verdad que el Señor, desde la sencillez, siempre prepara desde las raíces para la misión encomendada.

## Encontrar a Dios en la vida

Era una chica despierta, sencilla, pero a la vez espabilada. Amaba y buscaba ya una cierta soledad. Quizá el Señor empieza a preparar su corazón para hacerla una mística de la caridad. El Corazón de Jesús la llevó a ser Corazón para los enfermos, formando en su alma esa irradiación bondadosa hacia los necesitados.

Tenía una gran veneración a la Virgen que presidía su casa, aprendió a disfrutar de las cosas importantes de la vida. Sólo los pobres pueden comprender la riqueza de poseer a Cristo. María Josefa, encontró a Dios en la vida. En los momentos felices y cuando visita el dolor.

El 24 de marzo de 1850, cuando tenía 6 años y medio, muere de repente su padre. Siempre pensamos que el dolor nunca debiera visitar nuestras vidas y menos a una edad tan temprana. María Josefa, aceptó y ofreció. No entendió nada, como María, pero siguió confiando en el Señor que todo lo puede.

## Recibir por primera vez el pan de vida

El día 2 de febrero de 1852 (Fiesta de la Purificación, actualmente celebramos el día de la Vida Consagrada), recibió su primera comunión. Nos gustaría saber de ese día grande para todos los niños, qué experimentó esta mujer intrépida. Sin lugar a dudas recordaría a su padre ausente desde hacía dos años. Las grandes vidas se escriben siempre desde el silencio del corazón. Existe un "pudor" en las almas grandes, para guardar silencio en los momentos de una fuerte intimidad con Jesús. María Josefa mantuvo siempre una profunda pasión por la Eucaristía. No podía ser de otra manera de una mujer conquistada por el Corazón de Jesús. ¿Acaso el Corazón Vivo de Jesús no es la Eucaristía?

El amor a la Eucaristía, fue lo que le hizo descubrirlo en la "carne y sangre" de los enfermos. Ella quiso transmitir a las Siervas de Jesús el deseo de ser Corazón de Jesús a la cabecera de los enfermos.

María Josefa, se va preparando en su primera comunión para ser Eucaristía y dejarse devorar al servicio de los enfermos.

## Su Nazaret

Su niñez transcurre sencillamente. Encontró a Dios en lo cotidiano, he aquí lo que Mª Josefa va a contemplar abriendo de par en par sus ojos de niña.

Ve a su madre, luchar para sacar adelante la familia. Siempre las mujeres han sido fuertes y nos han enseñado a todos la lección de dar la vida, desde lo de cada día.

Ella vio cómo su madre superaba todos los obstáculos. Contempló con una fe hecha vida. Una vida hecha oración. Una oración vivida desde como diría el Beato Manuel González desde "el San aquí y el San ahora".

Superar las adversidades siempre es cuestión de almas fuertes. A veces parece que todo se viste de oscuridad y sin embargo como cristianos sabemos que no está lejos la aurora.

María Josefa vivirá estos años, formando su corazón en una vida parecida a la de Jesús, María y José en Nazaret. Aprender a amar desde lo cotidiano. De estos años sabemos poco. Nuestra curiosidad nos lleva a ver qué sucedió. Creemos que todo transcurrió desde el silencio. Es el silencio donde se escriben las grandes hazañas de la humanidad.

María Josefa vivió una vida de pobreza, de trabajo, de ayuda, de estrecheces. A vivir se aprende viviendo, como a amar se aprende amando. Su Nazaret vivido en estos años nos descubre a una María Josefa que pasa su adolescencia y juventud viviéndolo todo desde una vida oculta como la de Nazaret.

## De Madrid al cielo

Su madre Petra escribió a una prima que tenía en Madrid y le expuso su situación. Había sacado adelante a sus hijas, pero la cosa no daba más de sí. Soñaba Petra con lo mejor para su hija. Se convino que María Josefa se viniera a vivir con su tía. Tenía 18 años y unas inmensas ganas de vivir. En Madrid estará desde 1857 a 1860. Tenía ya en el corazón el propósito de ser religiosa, por lo que luego contaría. Nunca pensó en otra cosa más que en ser totalmente del Señor.

No tenía claro otras cosas, pero sí tenía que, como decía Tagore "la vida se nos da y la merecemos dándola". María Josefa sabía que se vive en esta tierra una vez y que tenemos que emplear la vida en lo que Dios nos llama. Su vocación coincide con el despertar religioso. Si Carlos de Foucauld escribió "cuando descubrí que existía Dios, me di cuenta de que sólo podría vivir para él", María Josefa, no dudó un instante de que su vocación era vivir sólo de Dios y para Dios. Había descubierto darle a Jesús su Corazón de Esposa, el Señor la había seducido. A Madrid llegó con la vocación en todo su ser. Venía dispuesta a entregar su vida donde el Señor la quisiera plantar. Había descubierto vivencialmente lo que más tarde Juan Pablo II escribiría sobre la vocación: "ser llamado significa ser amado".

## Vocación religiosa: como Abrahán "sal de tu tierra"

La vocación de María Josefa tuvo mucho que ver con la vocación en fe de Abrahán. Sale de su querida Vitoria y se encamina hacia lo desconocido. Quizá María Josefa algún día contaba estrellas en la noche y el Señor le prometió una descendencia como las estrellas del cielo y las arenas del mar. Ella como Abrahán no comprendió nada, pero se fió. ¿Acaso las Siervas de Jesús no son engendradas en fe, en el corazón de esta mujer intrépida como Abrahán?

Pensó en ingresar en una Orden contemplativa. Le atraía mucho la vida de oración, por eso siempre transmitió a sus Siervas el deseo de una profunda vida de adoración eucarística.

Su madre no se opuso. Le aconsejó con cariño. La vocación de una hija siempre la viven los padres. Habló con el Padre Mariano de Estarta, el ilustre franciscano exclaustrado y le aconsejó que entrase en las Concepcionistas Recoletas que acababa de fundar en Aranjuez la Madre Patrocinio, la monja de las llagas.

El hombre propone y Dios dispone. Cuando en el verano de 1862, se disponía nuestra joven a viajar para Aranjuez, le sobrevino una enfermedad, tan grave que hasta hubo que administrarle los últimos sacramentos. Se recuperó, pero en los planes de Dios, como todo, fue tan providencial que no vio el entrar de contemplativa. Su confesor le disuade de la vocación contemplativa y ve que no era el momento de pasar a Aranjuez. Dios siempre escribe derecho con renglones torcidos.

## Soñad y os quedaréis cortos como Jacob

Soñó María Josefa como Jacob. Soñó y se lo explicó a su confesor. Se veía religiosa de vida activa y cuidando a los enfermos. El confesor vio en esta señal una llamada a entrar en algún Instituto de vida activa y que tuviera como carisma el cuidado de los enfermos.

María Josefa es una contemplativa en la acción. Vivía en una profunda intimidad con Cristo y a la vez deseaba toda ella vivir entregada a los enfermos, que entendía como los más pobres y los más necesitados. Un enfermo es rematadamente pobre.

Cuando Dios pone un carisma en el corazón de una mujer, en el fondo siempre ocurre lo de Caná (Jn 2) como María, dice pensando en la humanidad "no tienen vino". Mª Josefa ve que les faltaba el vino de la Buena Noticia a los enfermos y lo expresa con el deseo de que se puede siempre socorrer a los más necesitados.

Como decía Teresa de Lisieux, el Señor no puede poner en nuestro corazón deseos irrealizables y lo que hace Mª Josefa, es soñar. Sus sueños pronto se harán realidad. Como un nuevo Jacob, que sueña con la escalera que sube de la tierra al cielo. Mª Josefa sueña con ser totalmente de Dios, entregada a los enfermos y socorriendo todas sus necesidades. Se convierte toda ella en un deseo de amar y servir. Amar sirviendo y servir amando. Una escalera para ayudar a los enfermos.

## Vida religiosa: como Abrahán, vivir de fe

Le hablaron a la Madre Soledad Torres Acosta, que estaba empeñada y comenzando la aventura de hacer nacer, para la Iglesia, un instituto de religiosas que visitaban a los enfermos en su casa. Vivirá esta mujer seducida por la frase del evangelio "porque estuve enfermo y me visitasteis".

Entró como postulante en este instituto que estaba empezando (apenas 35 religiosas) el 3 de diciembre (San Francisco Javier) de 1865. Tenía sólo 23 años. Vistió el hábito el día 25.

Cuando hace sus primeros Ejercicios Espirituales como novicia, pide al Señor, que como Abrahán, la lleve por caminos de desamparo y no de consuelo. Quiere unirse a tantas personas que desde Abrahán, han vivido sólo de fe. María es el modelo perfecto de peregrina de la fe, pero también María Josefa quiere pergrinar, desde la fe, por los caminos que el Espíritu Santo le marque, que no son fáciles, aunque tampoco son imposibles de seguir.

Estando todavía de novicia, la Madre Soledad le envió a María Josefa como directora del colegio del Sagrado Corazón para niños huérfanos. En marzo de 1866. En Madrid. En otoño tiene que dejar el colegio para atender a los que son víctimas de la epidemia de cólera en Madrid. El Señor tiene otros caminos que tendrá que recorrer en pura fe.

## Cuando la noche
### es más oscura

Poco antes de hacer los votos temporales, cayó sobre María Josefa una noche terrible de dudas e incertidumbres. Sólo le queda confiar y esperar. Al acabar el año de 1886 pensó que no había hecho bien la elección. Le faltaba algo. Consultó al jesuita P. Victoriano Medrano, experto confesor que le aconsejó que no profesara. Pensaba que aquél no era su camino. Dios tenía sobre ella otros designios, parecidos pero distintos.

Es curioso. Pero siempre el Señor pone personas providenciales en la vida, que son como pistas suficientes, para caminar por la vida.

La Madre Soledad (Santa Soledad Torres Acosta) era su maestra de novicias y habló con ella. Las almas grandes están llamadas irremediablemente a entenderse finalmente aunque puedan surgir conflictos.

La Madre Soledad, experta conocedora de almas, le envió a otro santo, el Padre Antonio Mª Claret, obispo y fundador de los Misioneros del Inmaculado Corazón de María. Oyó a María Josefa y le pidió unos días de reflexión. Al final la animó a que hiciera los votos temporales y se abriera a la voluntad de Dios que tenía grandes designios sobre ella. María Josefa obedeció como las almas grandes e intrépidas. Obedeció, se fió de Dios hasta el límite, pues sabía que Dios sabe sacar a las almas de la prueba y sabe mejor que nosotros, lo que nos conviene.

## *Empieza a amanecer*

El 14 de febrero de 1867, hizo los votos. Volvió al colegio del Sagrado Corazón. Vivió unos meses en Medina del Campo, enviada por la Madre Soledad. Sin embargo, aunque volvió la duda, una y otra vez, parece que la noche iba cediendo a unos instantes que recordaban que pronto amanecería. Por mucho que se empeñen los hombres el Señor se sale siempre con la suya.

Otras Hermanas estaban viviendo el mismo proceso que María Josefa y al juntarse Juana Bautista Dávila, Florencia de Miguel y Mansilla, y Mercedes Eguren, todas vieron lo mismo.

En el verano de 1868, con el beneplácito y animación de sus confesores, podían buscar otro camino. Mª Josefa, siempre obediente, al final de 1870 o principios de 1871 decidió hablar otra vez con la Madre Soledad que se dio cuenta de que estaba ante algo muy serio.

Habló con el P. Ángel Barra, Director de las Siervas de María, con el Cardenal de Toledo y se llegó a un acuerdo, podían las cuatro jóvenes, junto con una quinta que se agregó, Joaquina Galarraga, decidir en conciencia. Con las licencias pertinentes, requeridas por el derecho canónico, decidieron emprender un nuevo camino sobre las mismas pistas de aterrizaje. Religiosas que quisieran vivir dentro del Corazón de Cristo al servicio de los enfermos.

## Como Moisés
## busca la tierra prometida

Desde el Monte Nebo, Moisés contempló la Tierra Prometida. El Señor siempre cumple sus promesas. Mª Josefa empieza a contemplar la Tierra Prometida de lo que se vislumbra como una nueva familia religiosa, las Siervas de Jesús de la Caridad.

En verano, en julio de 1871, se retiraron de la Congregación poco a poco, primero Mª Josefa y Mercedes Eguren, luego Florencia, y por último Juana. En enero se sumará la quinta, Joaquina. Vive en la calle santa Engracia. Mª Josefa tenía 29 años. Cuando sale el 8 de julio de las Siervas de María se alberga en la casa de su tía, calle Fuencarral. Junto con ella, las cuatro persistían en ser religiosas, ¿dónde y cómo?

El Señor da pistas, pero no lo dice todo. Quizá porque es mucho más lo que da que lo que promete. Quizá porque es hermoso creer fiándose día a día del amor del Señor.

Adoptaron por ello una especie de hábito y el sacerdote que les celebró la misa y les pidió fidelidad y fortaleza. La oración es la respiración de la esperanza

Pensaron primero en marchar hacia Barcelona. Lo habían preparado todo, pero el sacerdote que les celebró la Eucaristía les dijo que mejor ir a Bilbao, que allí le necesitaban más. Sorprendidas obedecieron, sin entender nada, como Abrahán y Moisés se vuelven a convertir en peregrinas de la fe en la búsqueda del Señor.

## Caminante, sí hay camino

El 23 de julio, a los 15 días de dejar las Siervas de María, se pone en camino hacia Bilbao. La capital del Nervión, aunque era verano estaba rodeada de una pequeña niebla. Las dificultades son para ser superadas. Pasaron por Ávila. Encomendaron sus primeros pasos a la santa castellana de Ávila.

Por el camino le asaltó a Mª Josefa una terrible duda. De pronto se vio hundida. Es como si toda la oscuridad de la noche cayera sobre su corazón. No quería continuar. Se sintió paralizada. Quiso bajarse en la estación de Burgos. Es como "su Getsemaní", como si comprendiese en este viaje que se encaminaba hacia la cruz y tuviese que beber el cáliz, el trago amargo de lo que le esperaba. Este viaje me recuerda al viaje que luego hará la Madre Teresa de Calcuta por la India y que al terminar la llevó a iniciar las misioneras de la caridad. Estos "viajes" llevan a estas dos grandes mujeres desde su contemplación hasta la "basura" del mundo. A Teresa de Calcuta a los más pobres de los pobres, a la Madre María Josefa a los enfermos. De pronto la noche cedió. Como ceden las abundantes nieblas de Bilbao y salió un tibio sol. María Josefa continuó su camino. El Espíritu Santo, como a Jesús le conduce al desierto, a la cruz, a la resurrección y esta mujer intrépida, pasado el susto llega a Bilbao, a esta ciudad a la que tanto querrá siempre.

## Descálzate, como Moisés
## ante la zarza ardiendo

El día 25 visitaron a un abogado bilbaíno, D. Vicente Martínez Bolívar. Le acogió con cariño. Siempre hay personas providenciales en los caminos del Señor. Quería que estas mujeres asistieran a los enfermos en sus casas. Luego fueron a ver al párroco de S. Antón, D. Mariano José de Ibargüengoitia, al cual venían recomendadas desde Madrid. Era amigo de D. Vicente. Es curioso pero D. Mariano las recibió con recelo. La novedad en los caminos del espíritu siempre provoca recelo. No le gustaban mucho esas monjas un poco aventureras que iniciaban "algo nuevo". Pero a la mañana del día siguiente, el 26, cambió completamente. Habló una hora con María Josefa. Les pidió a las tres jóvenes (Mª Josefa, Florencia y Juana Bautista) que hicieran diez días de Ejercicios Espirituales, al estilo ignaciano, y que después él se encargaría de todo. Les buscó piso y lo encontraron. Van aprendiendo como Moisés a "descalzarse" ante los designios de Dios. Para estas mujeres intrépidas, con María Josefa a la cabeza, sus corazones tocan el misterio en el que Dios las envuelve. Tienen los pies en el suelo y el corazón en el Señor. No entienden casi nada y aceptan. Ven como una por una todas las dificultades se van solucionando.

Ellas viven lo del hermano Rafael "toda la ciencia consiste en saber esperar". Esperan y se "descalzan" porque tienen que caminar en humildad en la tierra que verá florecer un nuevo instituto para la Iglesia, las Siervas de Jesús de la Caridad.

## *Una tierra que mana leche y miel*
### *(Los primeros pasos del nuevo Instituto)*

Empezaron a vivir después de los Ejercicios Espirituales en una buhardilla que habían preparado con diligencia el párroco D. Mariano y un grupo de caritativas mujeres. Se instalan en la pobreza. En un lugar donde todo lo deben esperar de la providencia de Dios, en la calle de la Esperanza nº 8 permanecen un año, en esta tierra prometida "que mana leche y miel". Una casa pobre que siempre recordará el instituto, como donde se inició un estilo de vida nuevo para la Iglesia y a la vez la radicalidad de siempre en la vida consagrada.

Recomendadas por sus protectores el abogado Vicente y el párroco D. Mariano, se presentaron al obispo de Vitoria, D. Diego Mariano Aguacil. La diócesis estaba recién fundada. Las aprobó de palabra y les indicó que después lo haría por escrito si son cinco hermanas, y que hiciera unas Reglas provisionales. Vinieron después Mercedes y Joaquina, que completaron el número de cinco y verá cómo poco a poco se van consolidando los primeros pasos de las Siervas de Jesús.

Tuvieron que cambiar de piso. En julio de 1872 pasaron a un paso de la Calle de Ronda, número 23. La pobreza seguirá estando presente. El Señor siempre quiere construir con materiales pobres. Se empiezan a dar todos los frutos del Espíritu (Gal 5) la paz, el amor, la alegría... M.ª Josefa recordará siempre los inicios y dirá que, aunque fueron escasos de bienes materiales, fueron abundantes en frutos del Espíritu.

## Los gozos y las esperanzas

Aunque el dolor del inicio era patente, como los dolores de parto son dolores de esperanza, comenzó pronto a crecer la semilla. Les llamaban de muchos sitios. Cada vez más requerían sus servicios. Era necesario recibir nuevas jóvenes que vinieran a continuar la labor de estas mujeres intrépidas que sin ser muy conscientes estaban inaugurando el ser Corazón de Jesús a la cabecera de los enfermos. No había teoría, todo era vida. Pidieron al obispo D. Diego que les admitiese a recibir postulantes a la Calle Ronda. Dijo que sí. Pero no se llegó a realizar, porque estalló la tercera guerra carlista en abril de 1872 y se sitió Bilbao en diciembre de 1873. Los gozos y las esperanzas de unas hermanas que veían cómo se les abrían caminos y a la vez surgían nuevas dificultades. No se desanimaron. El Señor siempre abre puertas de claridad. Cuando más se complican las cosas, más gozosa es la respuesta de los que se fían de Dios. Con una guerra de fondo, también se puede amar. Es necesario enfrentarse a las dificultades con la confianza de que todo lo puede. El agua siempre busca lugar para salir y no estancarse, estas mujeres se convencen de que el noviciado será pronto realidad y queda constituido canónicamente tras la conclusión de la guerra en junio de 1875. Al final de las sombras prevalece el gozo de quien sabe esperar.

## Fundadora, Cofundadoras y cuasi Fundadores

Ya tenían el permiso para la vida en común, el ejercicio del ministerio para la asistencia y la admisión de postulantes. El obispo de Vitoria D. Diego fue dando estos permisos en 1871 y 1872. María Josefa era la fundadora. Una mujer intrépida que tenía la clave de todas las mujeres fuertes del Evangelio. Ella como en Caná, había vislumbrado que faltaba "el Vino Bueno" en los enfermos que no eran atendidos en sus múltiples necesidades. Desde la primera hora la acompañaron las cuatro cofundadoras, Florencia, Juana, Mercedes y Joaquina. Cuatro jóvenes, dos vascas y dos castellanas. Eran unas mujeres humana y espiritualmente de "Summa cum laude". Columnas para levantar los cimientos del edificio de las Siervas de Jesús, llamadas a dar mucha gloria al Señor en su Iglesia.

Quedan como cuasi fundadores, el apoyo decidido y constante de un laico comprometido y un sacerdote "de cuerpo entero" D. Mariano, fue sin duda una de las grandes figuras de la Iglesia en el Bilbao del siglo XIX. Nació el 8 de septiembre de 1815 y moría también en Bilbao en enero de 1888.

Quiso ser jesuita por dos veces. Se ordenó sacerdote en Roma el 18 de abril de 1840. En noviembre de 1858 fue nombrado párroco de san Antón y más tarde de la basílica de Santiago.

Hombre lleno de Dios, maestro de espíritu, fue director o superior canónico, primero temporal y después definitivo del Instituto de las Siervas de Jesús por expreso nombramiento del obispo de Vitoria. Junto a él, la figura del abogado D. Vicente incansable protector, bienhechor y asesor de María Josefa y hombre providencial en los planes del Señor.

## Se llamarán
## Siervas de Jesús

Se consolidó espiritual y canónicamente el instituto. Todo va bien. El 9 de junio de 1874, tras la liberación de Bilbao, recibieron en el piso de la Calle Ronda la primera aprobación diocesana.

Fue el obispo Diego el que determinó el nombre de la nueva congregación. Se llamarán Siervas de Jesús. Ellas querían llamarse Hijas de Jesús, pero en esto como en todo obedecieron. Hasta en esto su pobreza fue extrema. Ni siquiera pudieron ponerle su propio nombre al hijo engendrado, como Abrahán actuaron desde la pura fe.

El 21 de junio 1875, las cinco hicieron sus primeros votos temporales, que para ellas eran perpetuos, puesto que, como decía una de ellas, Joaquín Galarraga "ya nos habíamos entregado al Señor con amor constante".

El mismo día y en presencia del delegado del obispo, el párroco Castañares se elige a María Josefa, como superiora general, maestra de novicias y superiora local de la comunidad. Se resistió. Al final aceptó. En junio de 1876 eran ya 16 las postulantes y novicias. Cuando pasaron dos años a causa del aumento de vocaciones hubo que buscar un lugar más espacioso. Fue el definitivo en la Calle de Naja. Gracias a la generosidad de una señora de Bilbao, a D. Mariano y D. Vicente. Las Siervas de Jesús, caminando por el desierto de la vida, como los grandes caminantes de la Biblia entraban, no sin dificultades, en la Tierra Prometida.

## Aprobación definitiva de Roma

Quedaba pendiente la aprobación canónica definitiva. La Santa Sede siempre desea que la aprobación sea lo más ágil y rápido posible. No es fácil. La primera aprobación pontificia vino con el decreto "Decretum Laudis", fechado en el 31 de agosto de 1880 y seis años después vino la aprobación definitiva el 8 de enero de 1886.

Habían transcurrido 15 años desde el primer esbozo en Bilbao el 1871. Las cosas del Señor son seguras, aunque tenemos que saber esperar. El Señor da luz suficiente para continuar aunque a veces la confirmación del camino se haga esperar. Roma sancionaba con su suprema autoridad lo que los obispos españoles donde tenían establecidas sus casas veían en las Siervas de Jesús. En mayo de 1887, tras una semana de Ejercicios Espirituales, dados por el Padre Tomás Gómez, el jesuita fundador de la Universidad de Comillas, hicieron los votos perpetuos las cinco primeras hermanas. María Josefa estaba radiante. La obra del Corazón de Jesús se consolidaba. Los enfermos están de enhorabuena por estas mujeres intrépidas que sin miedo a nada se entregan por seguir haciendo el bien a los enfermos. Junto con las cinco primeras, once más hicieron sus votos, estas mujeres, formadas por Mª Josefa como maestra de novicias. Fue elegida otra vez más superiora general Mª Josefa del Corazón de Jesús.

## El perfume de Betania
## (Las fundaciones)

Como el perfume de Betania (Jn12) que con María, hermana de Marta y Lázaro, enjugó los pies de Jesús, así se fueron extendiendo por España y por toda América las nuevas fundaciones.

Fueron 42 las fundaciones llevadas a cabo, en vida de la madre Mª Josefa. No sin dificultades, el perfume de Betania impregna todos los lugares por donde estas mujeres intrépidas llevaban a los enfermos la buena noticia del evangelio.

Hubo un episodio que conmovió el corazón de la Madre Josefa y de las Siervas de Jesús. El destierro gubernativo que sufrió el párroco de San Antón, D. Mariano que fue siempre tan clave en todos los inicios del Instituto. Estuvo desterrado desde julio de 1874 a marzo de 1876. Fue tiempo duro y difícil para todos. Le sustituyó en este período el arcipreste Cascajares, que estaba en perfecta coherencia con las directrices del obispo y los criterios de D. Mariano.

Fue también clave la presencia desde la fundación en Valladolid (1878) del canónigo vallisoletano

D. Cristóbal Rubio del Campo. El hombre que ocupa el puesto clave en la expansión del Instituto. Sobre todo por el número de vocaciones y la calidad de estas vocaciones que trajo a Bilbao y que son clave en el desarrollo de las Siervas de Jesús. Destacan las vocaciones del canónigo de Valladolid, porque algunas de ellas serán sucesoras de la Madre M.ª Josefa, como Demetria Galilea, Madre Magdalena y Águeda Redondo, Madre Purificación. Una y otra ingresaron en el noviciado en octubre de 1880.

## Si el grano de trigo
### no muere

¿Dónde se inició la actividad fundacional? La actividad se inició en Castro-Urdiales y concluyó en América del Sur, concretamente en la ciudad de Concepción de Chile. En su mayoría fueron casas que se establecieron para visitar a los enfermos y llevarles la asistencia y ardiente caridad de sus vidas entregadas. También se atendieron algunos hospitales y sólo excepcionalmente se abrieron casas para albergue de huérfanos y una guardería infantil.

Fueron años de fecundidad prodigiosa. El grano de trigo caído en tierra había explotado en vida. La vida siempre brota donde hay amor. Aquellas mujeres, dirigidas magistralmente por la Madre Mª Josefa del Corazón de Jesús, iban llenando de amor y de ternura los lugares donde era necesaria su presencia de mujer. Sólo hicieron sembrar de paz y amor los caminos de la tierra, sobre todo a la cabecera de los enfermos para llevarles la buena noticia del amor evangélico.

# Como San Pablo, por los caminos de la tierra

Desde la habitación de la calle de la Naja, la Madre dirigía todo el despliegue de las nuevas fundaciones. Como San Pablo escribía, alentaba y también se hacía presente por los caminos. Nada fue fácil, pero tampoco era imposible. Dejó de ser maestra de novicias en 1885 y después se dedicó de lleno a extender la evangelización de los enfermos, llevándoles la esperanza que tanto necesitan.

La Madre Josefa empieza a vivirlo todo desde el "Corazón de Jesús" al que le llaman el "fundador" de las Siervas de Jesús. Como otro Pablo no deja de establecer las claves para que las nuevas fundaciones sean todas verdaderos hogares donde se forjen en la caridad. Dicen que este himno de San Pablo (I Cor 13) lo compuso tomándolo de un canto donde se hablaba de una madre. También la Madre M.ª Josefa es una mujer seducida por la caridad de Cristo. Es el Señor, por amor a él, todo lo puede, todo lo soporta, todo lo espera. Aguanta todo, con tal de que reine en el mundo la caridad de Cristo ella veía que nos urge la caridad de Cristo, como a Pablo, para ser en el mundo su corazón.

# Las fundaciones hablan de caridad
## (Primer periodo de las fundaciones)

Después de Bilbao, la primera fundación y el nacimiento de las Siervas de Jesús, surgió Castro Urdiales (noviembre 1875). Siguieron a éstas en Castilla la Vieja la de Valladolid (octubre 1878) y Burgos (julio 1879). En tres años (1881-1883) se agregaron cinco nuevas casas: Vitoria (julio 1880), León (octubre 1878) y Burgos (julio 1879), Gijón (diciembre 1882), Oviedo (enero 1883) y el hospital minero de Triano en Vizcaya (septiembre 1883).

Entran en octubre de 1884 en Logroño. En 1885 tres nuevas fundaciones. Es en este año donde se vive la prueba contundente del martirio por la caridad. Tres nuevas casas: 1ª en el Valle de Carranza (Vizcaya) en mayo, en Miranda de Ebro (agosto) y en Villaviciosa, Asturias, en octubre. Este año 1885 es el año de la epidemia del cólera. Estas mujeres intrépidas se lanzan sin miedo al contagio a socorrer a los enfermos. No les importó su vida. Algunas de ellas mueren contagiadas. En septiembre, moría contagiada la que fue superiora de Miranda de Ebro, sor M.ª de la Providencia Recio, con 27 años de edad. Las epidemias se volvieron a hacer presentes en 1890 y en 1893 y también cayeron Siervas de Jesús contagiadas por socorrer a sus hermanos los enfermos. Vivieron aquello de que nadie tiene amor más grande que el que entrega su vida por amor. Son mujeres maduras en la fe, esperanza y caridad.

## *Un amor incansable*
### *(Segundo periodo de las fundaciones)*

En 1886 se abre el 2º periodo de las fundaciones. Se produce la expansión por el Mediterráneo Peninsular. Tres años desde 1886 al 1888 están plagados de frutos abundantes.

Eran vocaciones bien preparadas. Todas ellas armadas de buen espíritu y de sencillez y alegría lo que hiciera que lloviesen peticiones sobre la casa de la calle Naja.

Vino primero Tolosa (julio 1886). Después Alicante (octubre 1886), Murcia (noviembre 1886). Avilés (abril 1887), Irún (julio 1887), Castellón de la Plana (noviembre de1887).

Muere en enero de 1888, D. Mariano, el hombre bueno y providencial para las Siervas, pero la siembra y recogida sigue. Haro, en la Rioja (mayo 1888), Vigo (julio 1888), Palma de Mallorca (septiembre 1888) y Cartagena en septiembre de 1888.

Desde 1889 a 1893 se producen cinco fundaciones nuevas, una en Andalucía, Palma del Río (mayo 1889), dos en Galicia, en el Ferrol (septiembre 1890) y Lugo (abril 1893), una cuarta en

Matamoros, provincia de Vizcaya (octubre 1890) y la última en el mediterráneo, La Unión, Murcia (julio 1893).

En los postreros años del siglo XIX se acelera el ritmo de crecimiento. Se reitera la asistencia sobre el Cantábrico y el Mediterráneo oriental: Vinaroz (febrero 1894), sanatorio bilbaíno (noviembre 1894), Cuenca (noviembre 1895) y Madrid (diciembre 1895) y a continuación Archena (abril 1896), Tortosa (junio 1896). El hospital municipal de Gijón (febrero 1898), Soria (marzo 1898), el asilo de huérfanos en Castro Urdiales (febrero 1899) y Burriana (noviembre 1899). Las cuatro últimas fundaciones realizadas por la Madre María Josefa, tienen ya como fondo su enfermedad cardiovascular que le conduce a la muerte. Hasta el final se mantuvo en la brecha. Amó hasta el final y esperó.

Fundaron en Villena (octubre 1909), en Totana (mayo 1903) y en Barcelona, una fundación querida por la madre y por sus compañeras desde el principio de 1871, y llevada a cabo en 1907. Al final la Madre Josefa vio cómo Barcelona pudo al fin realizar sus sueños. Allí era donde pensaban ir en un primer momento... y al final fueron el amor se hace esperar, pero es seguro.

La última fundación fue el salto a la querida América Latina, a Chile en la ciudad de Concepción en febrero de 1910. Su corazón misionero vio cómo las Siervas se abrían a la acción del inmenso Corazón de Cristo, que no tiene límites en su deseo de hacer llegar a los hombres su ardiente amor. La

Madre Josefa había comprendido que el evangelio se cumple, cuando nos fiamos como ella del Señor, hasta en sus últimos detalles.

## Enferma,
## como Job paciente

Los años, no pasan en balde, los sufrimientos, las contradicciones machacaron su salud. Era mucho lo que soportaba en su corazón esta mujer, que como decía Santa Teresa de Jesús de San Pedro de Alcántara "parecía que estaba hecho de raíces de árboles", pero la Madre Mª Josefa se iba resintiendo poco a poco. Su salud se deterioraba. Venía arrastrando desde hacía tiempo problemas cardiovasculares.

Ella lo vivía todo con paciencia. Una mujer con corazón a lo Job que dice una y otra vez "Dios me lo dio, Dios me lo quitó, bendito sea Dios". Amó hasta el final. Supo florecer hasta en la enfermedad. Nunca se quejó, como San José al que tanto amaba, supo cumplir con su misión, pero estaba dispuesta a retirarse cuando ya no era necesaria su presencia. Así son las almas grandes.

## Las cosas
## se complican

En marzo de 1898 aparece de repente una aguda dolencia cardiaca. Parece que se recuperó sin secuelas aparentes. Pero no fue así. Luego se comprobó que el mal físico estaba ahí. Ya no podrá viajar. A todos nos cuesta aceptar nuestras limitaciones. Ella aguantó el tipo y siguió actuando a lo Pablo exhortando a tiempo y a destiempo para continuar la misión que le encomendaba el Señor.

## Una nueva recaída

Tuvo una nueva recaída, un tercer ataque en julio de 1909. Ataque de parálisis que le inmovilizó todo el lado izquierdo. Ahora, por fin, está totalmente enferma. Limitada para siempre como los miles de enfermos a los que consagró su vida y su tiempo.

Tuvo que quedar recluida en la enfermería, como Rafael enfermo en la enfermería de la Trapa. Se sintió sola, experimentó lo duro que se hace a veces la enfermedad. Son momentos interminables. Solo queda la confianza. La enfermedad se apoderaba totalmente de la madre.

En una carta que escribe dice "me he visto cerca de la eternidad". Son momentos de purificación, la vida humana se apaga, la vida espiritual se acrecienta.

## Una Navidad distinta

Cuando llega la Navidad de 1909, se presentía el final. Su vida se apagaba en la enfermería. Estaba muy atendida por sus hijas. No podía más y sin embargo aquella última Navidad de su vida dejó a todos el recuerdo del paso de su alma grande. Tan inmensa era su entrega y tan sencillo su corazón.

En estos días ocurre un acontecimiento muy significativo. Una mañana al ir a comulgar, sin ayuda de nadie, juntó de repente sus brazos y sus manos para recibir al Señor. Desapareció la parálisis de la parte izquierda superior de su cuerpo. Ella con la reserva que siempre mantenía y con su prudencia exquisita atribuyó "su curación" a San José Oriol, el Santo Barcelonés que San Pío X había canonizado recientemente.

## *Morir de amor*

En enero de 1911, surgió una nueva complicación. A la dolencia cardiaca se le junta una tremenda bronquitis. No puede más. Su cuerpo se resiente de un modo alarmante. Se presiente que pronto acabará la vida de esta santa mujer.

Pasaba los días y las noches sentada en un sillón. La cruz de no poderse echar en la cama porque se ahogaba se hacía insoportable. Sólo queda la fe.

Como se le hinchaban las piernas había que echarla a la cama para que se le pasase la hinchazón... y otra vez al sillón.

Sufría ella y sufría mucho como les ocurre a todos los enfermos al ver su inutilidad y el trabajo que acarrea a los otros su enfermedad. Sin embargo la madre dijo: "casi estoy convencida, de que Dios nuestro Señor me quiere en esta cruz, pero así y todo la prefiero a todos los tesoros de la tierra". Sin comentarios.

## MUERE AL DÍA SIGUIENTE DE SAN JOSÉ

El 12 de marzo de 1912 se presentó de repente una bronconeumonía. La mañana la pasó como pudo. A media noche se le declara una fiebre altísima.

El día 15 dictó su última carta. Su mente permanece clara y activa. Su recomendación es siempre amar al Corazón de Jesús y a los enfermos. En la comunidad se celebraba la novena a San José, de la que esta mujer fue tan devota. San José le preparaba una buena muerte, una muerte llena de amor.

El día de San José (19 de marzo) pasó la tarde con cierta tranquilidad. Siempre clavada en la cruz de su sillón. Cuando llegan las 12 de la noche no se advierte mejoría.

Cuando se entera de que le han regalado un sillón muy cómodo que se puede articular y que aliviaría un poco su dolor, dice que se lo devuelva agradecido al donante, pero que ella quiere morir como una pobre religiosa. Esta escena me recuerda también la muerte de la madre Teresa de Calcuta, que cuando le ofrecían al final de su vida medios sofisticados para paliar su enfermedad decía como Madre Josefa, con toda sencillez "tratadme como a los pobres". Quiero morir como he vivido.

La madrugada del día 20 pasaba lenta. Las horas se hacen interminables. Le dieron un purgante, pero no podía pasarlo. Cuando se lo ordenó el médico se lo tomó. Siempre la humildad lleva a la obediencia. A las cuatro de la mañana recaída definitiva. El silencio se adueña de la habitación. Hay un dolor sostenido y una paz profunda.

Acude el confesor, Don Melchor de Andónegui que reconocía a la enferma en estos momentos. Como Teresa de Lisieux, no dice nada, sólo ama... pide perdón a sus hijas y perdona a todos. La mayor expresión del amor es el perdón.

—¿Madre, estás tranquila? Le pregunta Sor María Purificación.

—Sí lo estoy.

—¿Sabes que es el padre confesor?

Lo reconoce.

—Pide la comunión.

Recibe como viático al Corazón de Cristo vivo en la Eucaristía. Siempre Jesús fue su esposo que le acompaña por los caminos de la vida, ahora le acompaña a la casa del padre. Pide que le rece la oración a Jesús Crucificado, y la de la aceptación de la muerte. Y concluyó "ya está todo".

Entró en agonía de una manera sencilla como su vida, serena como su corazón. Ya había dicho como Jesús que todo estaba cumplido. Había amado hasta el extremo y expiró...

Eran las siete menos cinco del 20 de marzo de 1912. Falleció sentada en el sillón y la cabeza recostada sobre el pecho del Corazón de Jesús, como mueren todos los apostóles de su Corazón... desde San Juan. Dos grandes lágrimas corrían por sus ojos. Había amado. Había cumplido su misión. NO TENÍA MÁS QUE DECIR.

# Miradas de conjunto

## Maestra de novicias
### (10 años)

Fue verdaderamente Madre y Maestra. Ante la bendición tan copiosa del Señor con muchas vocaciones, esta mujer intuyó ya lo que luego el Vaticano II y toda la Iglesia recordará como Juan Pablo II dice en "Vita Consecrata": una formación sólida y personalizada.

Desde 1875 a 1885, la Madre Josefa fue pionera en el bien hacer. Enérgica y tierna. Sencilla y entregada, supo compaginar ser maestra de novicias y superiora general. Todo lo hacía desde el servir desde la caridad. Cuando dejó el cargo, pasó a la madre Purificación, que siguió esta fidelidad al carisma fundacional. Formar siempre en los sentimientos del Corazón de Cristo (Flp 2,5) para ayudar a moldear desde el Espíritu Santo los corazones de aquellas jóvenes que querían vivir el estilo de Jesús. Verdaderamente fueron formadas en el Corazón de Cristo, bajo el magisterio espiritual de Madre Josefa, que era una mujer toda ella de los dones y frutos del Espíritu Santo. Sembró y sembraron en coherencia pues lo que decía lo vivía y siempre con la humildad de quien vive moldeada por la Eucaristía.

## Moldeada
## por la Eucaristía

Quería jóvenes bien formadas, bien preparadas. Decía que el edificio de la santidad se cimienta sobre los cimientos de una base humana. Quería que las jóvenes fuesen moldeadas por la Eucaristía. Impregnó todo el instituto del perfume de Betania, que es el perfume eucarístico para ser almas de profunda vida interior.

Las quería muy preparadas en todos los sentidos. No deseaba más que fueran personas llenas del espíritu evangélico. Todo el espíritu de las Bienaventuranzas caldeaba la formación de aquellas jóvenes generosas que querían entregar la vida al Corazón de Jesús Eucarístico y a los enfermos.

Quería que viviesen una vida de familia y para eso la Eucaristía, celebrada, comulgada y adorada era la fuente de esa vida familiar. En los dos años que dedicaba al noviciado, era como vivir los dos latidos del Corazón de Jesús. Uno hacia dentro potenciando en el primer año todos los valores humanos y sobre todo una profunda vida interior moldeada por la Eucaristía, después en el segundo año el segundo latido era hacia afuera preparándolas muy bien para ejercer la caridad con los enfermos. No escatimaba nada con tal de que los enfermos tuviesen el cuidado de estas almas que se entregaban como la Eucaristía, para ser partidas y devoradas por amor.

## Cómo ejercía la autoridad

### (Paciencia y exigencia)

No fue nunca dura. Como Jesús tenía los sentimientos del Corazón de Cristo. El ser duro en el fondo es tener amor propio, la madre no fue dura, pero sí fue exigente con paciencia. Ser exigente es creer en el otro. Cuando no exigimos nada en el fondo es porque no creemos en la capacidad de los demás.

Durante 41 años, fue superiora general desde 1875 hasta 1912. Elegida por el capítulo, mantendrá el cargo por indicación de la Santa Sede. Sabía de pasar toda clase de penalidades. Sabía mucho de pobreza y de confianza en la Providencia, que siempre sale a favor de los que confían.

Cumplió que el que mande sirva (Lc 22, 26). Ella sólo supo servir. Se entregó. Dio primero testimonio de una vida que se consumía al servicio del evangelio. No quiso nada más que servir amando y amar sirviendo.

El carisma de su vida fue vivir desde el Corazón de Jesús, Eucaristía viva, la caridad. Quería que fueran fieles a las Reglas, pero impregnadas de amor, no exigió nada más que lo que comprendía que eran las exigencias del evangelio.

No hizo estudios superiores, pero tenía la sabiduría de los pobres, la intuición de una mujer contemplativa, la fuerza de los que se fían de Dios. Tenía coraje y cariño. Ternura y fidelidad. Caridad que se hacía una a todos, para servir siempre al estilo del Señor.

## *Proponía y no imponía*

Como muchas otras superioras con la sabiduría del evangelio, no le gustaba demasiado corregir. Se daba cuenta de todo y corregía muy poco. Ejercía la corrección fraterna que habla de amor para ayudar a los que están equivocados. Ella decía que se llevaba ratos "de muerte" cuando corregía.

Ejerciendo la corrección fraterna a una hermana, esta reaccionó mal y le dio a la Madre María Josefa una sonora bofetada. A los testigos que contemplaron estas escenas pidió que callaran para siempre. Ella sólo quería ayudar. Su profunda humildad la llevó a callar años, pues este acontecimiento ocurrió en 1894. Siendo ella joven novicia.

Respetaba singularmente todas las conciencias. Nunca fue más allá de lo que veía delante del Señor, pero en todo destacaba su exquisita finura de espíritu.

Fue verdaderamente una mujer que sabía tratar con sencillez a las almas grandes y pequeñas. A todos se adaptaba. Con una profunda vida interior, estaba siempre dispuesta a ayudar, incluso a "perder el tiempo" con todos los hermanos que la necesitaban.

# Decálogo

de la espiritualidad
de Santa María Josefa
del Corazón de Jesús

# 1 *Espiritualidad trinitaria*

Santa Josefa, fue una mujer enamorada de la Trinidad. El Padre fue su gozo, el Hijo su Esposo, el Espíritu Santo el que moldeó su corazón para vivir la caridad.

Toda su espiritualidad fue trinitaria. Todos sus escritos, reflejos de su vida, hablan de un fuerte amor a la Santísima Trinidad. Al Padre le nombra muchas veces. Siente un especial afecto y ternura. Descansa en sus manos abiertas. Experimenta que como Padre cuida de ella y de sus hijas. Su espiritualidad la atraviesa el amor del Padre. Impregnó toda su vida de una confianza filial. Ella se sintió hija siempre. No bebió de las corrientes jansenistas que presentaban a un Dios lejano y apartado de la vida de los hombres. El Dios Trinitario que vivió Santa Josefa, era un Padre, que siempre vive a favor de sus hijos, un Hijo que tiene Corazón, y un Espíritu Santo que tiene como misión formar en nosotros los sentimientos de Cristo.

Al Hijo le llama Corazón de Jesús. Vive desposada con él. Su espiritualidad de consagrada es esponsal, por eso también formaba muy bien a las novicias en la vida afectiva, porque impregnaba toda la espiritualidad del afecto esponsal de Cristo. Su espiritualidad nunca fue fría. Fue positiva y vibrante.

El Espíritu Santo, fue para ella el que moldeó su corazón al estilo de Jesús. Sus escritos recorren una sencilla, pero profunda experiencia de relación con el Espíritu Santo. Fue verdaderamente una mujer intrépida, porque se dejó conducir por el Espíritu Santo, Señor y Dador de vida.

# 2 Espiritualidad cristocéntrica

Su amor a Cristo fue la pasión de su vida. Para ella decir Cristo es decir Corazón de Jesús. Todo lo vivió con Cristo, por él y en él desde el Corazón de Cristo Vivo vivió todos sus grandes amores. Se enamoró más del Señor, que de sus cosas, por eso quizá nunca se sintió defraudada. Su Espiritualidad es el Corazón de Jesús que late de amor en la Eucaristía.

Su cristocentrismo fue siempre central en lo que vivía, decía y formaba. Su Cristo Dios hecho hombre, con corazón humano llenaba todos los repliegues más íntimos de su corazón de mujer. Nunca se la vio hundida. Gracias al Corazón de Jesús, sabía remontar el vuelo y vivir en una libertad de corazón que la ha hecho una de las más grandes místicas de su tiempo. Su mística fue una contemplación que se hace vida al servicio de los enfermos.

# 3 *Espiritualidad eclesial*

Fue una enamorada de la Iglesia, del Papa, de los Obispos, de los Sacerdotes, de los laicos. Ella como todos los santos, ama a la Iglesia y punto. No sabía hacer esas distinciones entre Iglesia institución, carismática, de los pobres... Santa Josefa vivió amando y no quiso nada más. Sencillamente entregó la vida a la Iglesia a la que sirvió hasta desear el martirio si fuese preciso.

Su espiritualidad eclesial estaba basada en una obediencia profunda en todo a las directrices de la Madre Iglesia. No quiso hacer nada sin contar con el asesoramiento, la ayuda y el apoyo de la Madre Iglesia. Siempre consultó todo. No por ser apocada, sino por ser fiel. Su espiritualidad fue fidelidad a la Iglesia. Sus hijas en Bilbao y luego donde fueron floreciendo, vivían y viven insertadas gozosamente en las diócesis, a las que sirven cuidando y amando a sus enfermos. Las Siervas de Jesús de la Caridad son ejemplo, movidas por Santa Josefa, de una espiritualidad que se vive en la Iglesia que es Una, Santa, Católica y Apostólica. Ellas con Santa Josefa, viven una espiritualidad de comunión, de unidad con la jerarquía, con los laicos, con los enfermos. Viven la santidad que brota del Corazón de Cristo, de los sacramentos. Las Siervas están llamadas a expresar con su vida la santidad de la Iglesia. Viven la catolicidad, son abiertas y universales. Allí donde están entregan la vida con un corazón catolico, es decir universal. También viven la apostolicidad. Nuestra fe está cimentada sobre la fe de los apóstoles. Por eso las Siervas viven la comunión gozosa con el Papa y con el Obispo de las diócesis donde ejercen su misión de ser Corazón de Cristo con los enfermos.

# 4    *Espiritualidad litúrgica*

Santa Josefa, fue una enamorada de la liturgia. El Corazón de Cristo late en el Corazón de la Iglesia que es la liturgia. Siempre orientada por la Iglesia, Santa Josefa llevó a todas sus casas el amor a la liturgia, especialmente al centro de la liturgia que es la Eucaristía. Las Siervas cuidan todo lo litúrgico. La Liturgia de las Horas en sus casas es celebrada de una manera profunda, sencilla y a la vez solemne. El rezo de la Liturgia de las Horas, sobre todo en Laudes y Vísperas, son siempre momentos de intensa celebración y oración donde se percibe el latido del Corazón de Cristo.

A las Siervas, ya desde el noviciado, se les prepara para que vivan y se nutran de una espiritualidad litúrgica que es en definitiva el identificarse con los sentimientos de Cristo.

Santa Josefa era una enamorada del canto. Quería que se cuidase todo. Especialmente la emocionaba cuando se rezaba esa liturgia que para ella era un encuentro con el Corazón de Cristo.

# 5 *Espiritualidad eucarística*

Para ella el Corazón de Jesús vive en la Eucaristía. Nunca entendió el Corazón de Jesús como una devoción más. Entendió el Corazón de Jesús como lo esencial del evangelio. Como volver a lo esencial que es el Amor.

Para ella la Eucaristía lo era todo. Quería comunidades moldeadas por la eucaristía. Sabía que donde se exponía al Señor crecía la vida de caridad. Las almas eucarísticas suelen ser las más fraternales.

Santa Josefa vivía la misa como el momento del encuentro con Cristo vivo y resucitado que murió en la Cruz. La comunión era para ella el momento más feliz del día. No le importaba que tuviese momentos de sequedad. El comulgar era para ella alimento para vivir la caridad. Quiso, Santa Josefa, un Instituto Eucarístico. Quería que se expusiese la Eucaristía en sus casas. En torno al Señor Sacramentado debía girar la vida de las Siervas, para poder desempeñar la misión con los enfermos. Sin la eucaristía poco a poco se agota la caridad. El amor perece donde no se contempla a Cristo Eucaristía.

# 6 *Espiritualidad mariana*

La Virgen fue la debilidad de Santa Mª Josefa. La quiso como la mejor de las madres. En todo lo que hizo quiso que estuviera presente la Virgen. Cuando pasaba por momentos difíciles la invocaba. Vivió la frase de San Bernardo "cuando la barquilla de tu vida parezca que va a hundirse, mira la estrella invoca a María".

María fue su mejor amiga. María fue para ella una Madre Coraje. Todo el coraje que tenía Santa Josefa, rebrotaba de su ardiente y filial cariño a la madre. Le tenía devoción a todas las advocaciones populares, pero sobre todo destaca su amor a la Inmaculada y a la Dolorosa.

Santa Mª Josefa vibró con la Virgen. Cuántas veces se consoló de mujer a mujer, de madre a madre. La virgen siempre acompaña los momentos difíciles de las Siervas. Ella nunca les falló. Al contrario, la Virgen siempre estuvo al lado de Santa Mª Josefa.

Si tuviéramos que destacar algún aspecto de esta devoción de Santa Mª Josefa a María, además de recomendar vivamente el Rosario, les aconsejaba a sus hijas que su espiritualidad estuviese siempre llena de su amor ardiente a la Inmaculada.

# 7 *Espiritualidad de la caridad*

Quiso ponerse como nombre Siervas de Jesús de la Caridad. Sin amor no somos nada. En este Sentido Santa Mª Josefa es pionera de poner en práctica lo que luego dirá el Vaticano II al decirnos que la vida cristiana se sintetiza en vivir la caridad.

Esto lo vio claro Santa Josefa desde el principio. Crear un ejército de almas consagradas al servicio de la caridad. No es cuestión de un amor de palabras, es necesario un amor que se hace obras, que se hace realidad. Si las Siervas, con Santa Josefa a la cabeza, fueron siendo cada vez más queridas es porque no les importó vivir la caridad, a veces de un modo heroico, incluso a veces, perdiendo por amor la vida como les pasó a muchos que por socorrer a los enfermos murieron contagiadas.

Santa Mª Josefa, quería una espiritualidad que aterrizase en amor concreto. Quería vida no teoría. Está al lado de los enfermos, siendo expresión de la ternura de Jesús, exige mucha caridad. No es fácil. Sin enamorarse de Cristo es imposible. Santa Mª Josefa vivió amando desde las mil y una circunstancias de la vida y se entregó por amor al Corazón de Jesús a los que el Señor ponía en su camino.

# 8 *Espiritualidad al servicio de los enfermos*

Desde que soñó aquella vez, se sintió llamada a una vida religiosa activa y al servicio de los enfermos. Los quería con locura. Al principio casi sin medios, lo único que ponía era corazón. No tenía casi nada y sin embargo los enfermos se sintieron aliviados. Lo que necesita un enfermo es cariño y ella lo sabía contagiar. No le importó pasar toda su vida entre los enfermos. Vivió con ellos sus dramas y sus limitaciones. Nunca se sintió alejada de ninguno. Supo poner oleadas de ternura en sus heridas internas o externas. Quizá un día la Iglesia la nombre patrona de los enfermos de la humanidad. Quizá un día se haga referencia a esta mujer cuya espiritualidad fue vivir la mística de los enfermos. Amar desde la pobreza, desde las limitaciones, desde el cansancio. La espiritualidad de la Madre Josefa, fue sencilla, porque nunca pretendió más que servir a los enfermos. Sirvió amando mucho. No se complicó nada más que sirviendo con su corazón y sus manos.

# 9 Espiritualidad comunitaria - familiar

Quiso que sus casas fueran verdaderos hogares. Las Siervas de Jesús de la caridad son una familia que comparte su pasión por el Corazón de Cristo en los enfermos. Sus vidas son sencillas. Santa Mª Josefa, quería casas donde se orase, se compartiese y el Corazón de Jesús fuera el hogar y el descanso. Cuando inició las Siervas de Jesús, sentía la preocupación de que a veces el activismo, ¡hay tanto que hacer!, nos puede jugar una mala pasada. Es necesario vivir un estilo de vida más familiar. La espiritualidad de Santa Mª Josefa, es una espiritualidad enraizada en una vida de comunidad abierta. Sus casas son verdaderos oasis de paz, rincones de alegría. Se forma, ya desde el noviciado, en una vida comunitaria, austera pero alegre, pobre, donde se comparte, abierta a la acogida y sobre todo al servicio de los enfermos. ¡Quién más pobre que uno que ha perdido la salud! Santa Josefa intuía con corazón de mujer que su espiritualidad debía de estar llena de vida comunitaria.

# 10 *Espiritualidad para la santidad*

Santa María Josefa estaba enamorada de los santos y de la santidad. Tenía devoción a San José, porque lo consideraba el más grande de los santos, después de la Virgen. Ella soñaba para sus hijas una santidad como la de José, sencilla, sin grandes espectacularidades, sabiendo estar cuando se le necesita y sabiendo desaparecer cuando termina nuestra misión.

Santa Josefa fue una mujer que luchó hasta el final por la santidad. Juan Pablo II la beatificó y la canonizó, porque fue y es un ejemplo de santidad cristiana. Predicó con la vida. Habló poco, amo más. No lo tuvo fácil. Adeḿas era mujer. Tuvo que salir de una institución que se estaba iniciando, a fundar lo que el Señor le llamaba a ella y a las que vendrían después. No lo tuvo fácil, pero no se quejó nunca. Pasó haciendo el bien. Se entregó a todos. Encendió pequeñas luces, nunca maldijo la oscuridad, Santa Mª Josefa imaginó un camino nuevo y siempre antiguo, vivir enamorada de Jesús practicando la caridad con todos, especialmente con los enfermos.

# Decálogos

en clave de la Madre María Josefa

# 1 Decálogo de la vocación

1. La vocación se descubre en la escucha.

2. Escuchar es abrirse a los planes de Dios.

3. Los planes de Dios son que seamos inmensamente felices.

4. La felicidad tiene mucho que ver con cumplir la voluntad de Dios.

5. La voluntad de Dios es que ser llamado significa ser amado.

6. La vocación al amor nos hace descubrir la snatidad.

7. La santidad es vivir con los sentimientos de Cristo.

8. Los sentimientos de Cristo son que le sigamos por los senderos de la vida.

9. Los senderos de la vida hay que sembrarlos de esperanza.

10. La esperanza es vivir allí donde Dios quiera.

# 2 <u>*Decálogo de la acogida*</u>

1. Es el inicio de todo encuentro.
2. Es comenzar evangelizando.
3. Es la sonrisa que siembra esperanza.
4. Es decir con la vida… me importas.
5. Es transmitir que bueno que viniste.
6. Es la puerta de entrada de la comunión.
7. Donde somos acogidos siempre volvemos.
8. Acoger es dar vida.
9. Es la puesta en escena de un comenzar bien y acabar mejor.
10. Sin acogida, no existe el día después. Sin acogida no hay nada que hacer.

# 3 *Decálogo entre los santos*

1. Santa Teresa de Jesús para ser santa dejó el locutorio de la superficialidad, San Francisco de Asís besó al leproso para abrazar a la humanidad herida.

2. Santa Teresita descubrió que su vocación es el Amor en el corazón de la Iglesia, San Vicente de Paúl hizo a los pobres su familia.

3. Carlos de Foucauld descubrió vivir oculto entre los musulmanes, Edith Stein, la mártir carmelita se identificó con su pueblo judío.

4. Juan Pablo II evangelizó haciéndose misionero en los caminos de la tierra, Juan XXIII presentando, no la severidad del rigor, sino la caricia de la misericordia.

5. Ignacio de Loyola amó a la Iglesia en el camino de las fronteras, Santo Domingo transmitió a todos el amor a la Verdad, llamado Jesús de Nazaret.

6. Teresa de Calcuta quiso fundar en la luna cuando vivan pobres, Sor Ángela der la Cruz eligió vivir como los pobres en todas las intemperies.

7. Bernardita, la vidente de Lourdes, se metió a Dios en el bolsillo por la humildad, los niños de Fátima ayudaron a la paz con la vuelta al Evangelio.

8. Santa Catalina de Siena amó al Papa "el dulce Cristo en la tierra", San Bernardo con su vida denuncia los pecados de la Iglesia a los que ama con locura.

9. San Juan Bosco dijo a los jóvenes "me basta que sean jóvenes para amaros", Marcelino de Champagnat, puso como modelo a María.

10. Santa Faustina Kowalska presentó la Divina Misericordia en un mundo en guerra, el P. Hoyos nos invitó a ser apóstoles del Divino Corazón en todas las encrucijadas de la historia.

# 4

## No me digas

1. No me digas que estás solo, acompaña los solitarios.

2. No me digas que tienes poca fe, reza cada día.

3. No me digas que todo va mal, haz todo el bien que puedas.

4. No me digas que no tienes solución, busca lo que puedes hacer.

5. No me digas que todo te va mal, cuando todavía te queda esperanza.

6. No te instales en la queja, agradece lo que tienes.

7. No me digas que estás triste, crea sonrisa a tu alrededor.

8. No te lamentes por lo que no hiciste, todavía te queda mucho por vivir.

9. No llores porque llueve, saca tus macetas para que se rieguen.

10. No me digas qué pena, repite qué gozo vivir.

# 5

## Decálogo de una Iglesia servidora de los pobres

1. Una Iglesia servidora de los pobres nace del Costado abierto de Cristo en la Cruz.

2. Se pone "de rodillas" como Jesús en el cenáculo ante los sufrienters.

3. Anuncia la Buena Noticia a los pobres.

4. Denuncia la compasión de los que usan a los pobres.

5. Se ofrece para ayudar a que se hable el lenguaje y la vida de la justicia.

6. Se hace amiga de los que acompaña en el camino de la vida.

7. Se entrega a los empobrecidos.

8. Toda institución en la Iglesia es para servicio de los necesitados.

9. Une fe y vida.

10. Siempre apostando que para servir a los pobres hay que hacerse como ellos necesitados.

# 6 _Decálogo del voluntariado_

1. Es ser de Dios para servir de corazón.
2. Es tener el corazón abierto.
3. Es abrir la mano al hermano.
4. Es saber poner en práctica una caridad organizada.
5. Es ayudar también de una manera inteligente.
6. Es vivir sencillamente para que otros puedan sencillamente vivir.
7. Es un estilo de vivir al "aire" de Jesús de Nazaret.
8. Es la entrega que nace de una profunda espiritualidad de la caridad.
9. Es que se dé el encuentro y la cercanía.
10. Es la acogida como una manera de vivir y de estar.

# 7

1. Descansaré sabiendo que no todo depende de mi.

2. Haré siempre las cosas con amor, aunque no me salgan perfectas.

3. Viviré con el convencimiento de que "Alguien" cuida mi vida.

4. No llevaré más cargas que las que pueda llevar descansadamente.

5. Aprenderé a decir que no cuando sea justo y necesario.

6. Llegaré en mi entrega hasta donde pueda sin exigirme más.

7. Nunca forzaré mi ritmo, sino que aceptaré con calma lo que no puedo cambiar.

8. Beberé el sorbo de la vida con gran confianza.

9. Viviré con el convencimiento de que cuidarme es invertir más tarde en eficacia.

10. Me enfrentaré con los problemas de uno en uno.

# 8 *Decálogo de la conversión*

1. Convertirse es mirar con los ojos nuevos de la vida.
2. Es no tener miedo a caminar por las sendas de tu corazón.
3. Es estrenar cada día el gozo de amar.
4. Es abrirse a la misericordia.
5. Es orar a pie descalzo.
6. Es ayunar del pecado que nos deja sin vida.
7. Es compartir con los necesitados.
8. Es vivir como hijos y hermanos.
9. Es regresar al corazón.
10. Es celebrar la fiesta de la Pascua.

# 9 ‎ *Decálogo del amor*

1. Decir "amor" es decir gratuidad.

2. Decir "amor" es decir ternura.

3. Decir "amor" es decir cuenta conmigo.

4. Decir "amor" es decir me alegro contigo.

5. Decir "amor" es decir gracias.

6. Decir "amor" es decir te quiero.

7. Decir "amor" es decir te perdono siempre.

8. Decir "amor" es decir te dedico mi tiempo.

9. Decir "amor" es decir te entrego lo mejor que soy.

10. Decir "amor" es decir "por ti no me importa sufrir".

# 10 *Decálogo de la cruz*

1. No huir de la cruz.

2. Aceptar como se pueda todas las cruces de la vida.

3. No tratar nunca de comprender.

4. No saborear la cruz por la cruz.

5. La cruz es el camino pero el destino es la resurrección y la vida.

6. Comprender siempre al que tiene la cruz.

7. Llevarla como "a lo tonto", es decir, sin ser demasiado protagonista.

8. Comprender que se pueden tener cruces y ser inmensamente feliz. ¡Pregúntaselo a Jesús!

9. No aburrir demasiado a la gente hablándole de mis cruces, aunque tenga derecho a desahogarme.

10. Cuando nos visita la cruz siempre entramos en crisis: recuerda a los de Emaús (Lc 24).

# Epílogo

*Epilogo*

# Magníficat de Santa María Josefa del Corazón de Jesús Fundadora del Instituto «Siervas de Jesús de la Caridad»

Mi alma canta agradecida al Corazón de Cristo
Porque se ha fijado en su sierva,
Me ha seducido con su amor
y me ha vestido el traje de la caridad
para ser siempre su Esposa.

Sólo quiero proclamar su bondad,
Cantar sus misericordias,
Pasar por la vida sembrando esperanza,
Atraer a muchos a servir al Amor.
El Señor se complace en el humilde,
Socorre al abatido,
Sostiene al que no puede más
Porque es eterna su Misericordia.

Siempre viviré con el Señor
Y desde el cielo
Atraeré bendiciones a los que me invoquen.
Les llevaré el consuelo de su Corazón
Porque así lo aprendí de Cristo,
Salud de los enfermos. Amén.

# Bibliografía sobre Santa M.ª Josefa del Corazón de Jesús, Fundadora del Instituto «Siervas de Jesús de la Caridad»

AA.Vv., Un bello florilegio sobre la Beata M.ª Josefa del Corazón de Jesús, Ed. Mensajero, Bilbao, 1995, 395 pp.

BEATA M.ª JOSEFA SANCHO DE GUERRA, Consejos y Máximas, Ed. Juan Bravo, Madrid, 1934, 160 pp.

BEATA M.ª JOSEFA SANCHO DE GUERRA, Doctrina Espiritual, Ed. Roel, La Coruña, 1945, 126 pp.

BEATA M.ª JOSEFA SANCHO DE GUERRA, Cartas, Ed. Monte Carmelo.

BILBAO ARÍSTEGUI, PABLO, Una vida al servicio de los enfermos, Ed. Mensajero, Bilbao, 1991, 108 pp. (en español e italiano).

BILBAO ARÍSTEGUI, PABLO, La Beata M.ª Josefa Sancho de Guera, Colección "Los Alaveses, n.º 3", de la Diputación Foral de Álava.

DE LA DEDICACIÓN, O.A.R., PEDRO, Sor M.ª del Corazón de Jesús. La Editorial Vizcaína, Bilbao, 1954, 163 pp.

FERNÁNDEZ HÉCTOR Y FONT, ALFONSO, Audacia y Caridad: Madre Mª Josefa del Corazón de Jesús, Cómic, Ed. Claret, 1998.

FERNÁNDEZ POMBO, ALEJANDRO, Vida y Obra de la Beata M.ª Josefa del Corazón de Jesús, De Mensajero, Bilbao, 1992, 247 pp.

FERNÁNDEZ, SERGIO, Poesías, Madre Corazón, Ed. Monte Carmelo, Burgos, 2000. Ilustraciones por José Antonio Mayordomo.

GUTIÉRREZ GARCÍA, JOSÉ LUIS, Servir al Señor en el enfermo, Ed. Mensajero, Bilbao, 1992, 294 pp. (en español e italiano).

LÓPEZ, NICOLÁS, Amor y Sacrificio - Santa Mª Josefa, Ed. Monte Carmelo, Burgos, 2000, 311 pp. (en español, inglés e italiano).

MIGUEL ÁNGEL VELASCO, Una vida para los demás, Raycar S. A., Madrid, 1994, 155 pp.

MIGUEL ÁNGEL VELASCO, Hace un año... Beata M.ª Josefa Sancho de Guerra.

MIGUEL ÁNGEL VELASCO, Siervas de Jesús, una historia de amor y esperanza, Gráficas Alustiza, Bilbao, 1996, 176 pp.

NEBREDA, EULOGIO, Una heroína de Caridad. De Roel. La Coruña, 1951, 835 pp.

NÚÑEZ URIBE, FÉLIX, Florecillas de la Beata M.ª Josefa Sancho de Guerra, Graficas Alustiza, Bilbao, 1993, 153 pp.

OLABARRÍA, ANASTASIO, Santa Mª Josefa del Corazón de Jesús, De Mensajero, Bilbao, 1999, 156 pp. (en español e inglés).

*Índice*